Usborne Farmyard Tales

Alphabet Book

Heather Amery
Illustrated by Stephen Cartwright
Edited by Jenny Tyler
Designed by Amanda Barlow

There is a little yellow duck  hiding in every picture.
Can you spot them all?

Aa

All the animals are asleep on Apple Tree Farm.
Can you find two apples?

a b c d e f g h i j k l m n o p q r s t u v w x y z

Bb

Boris the bull waits for Mrs. Boot to bring his breakfast. Can you see a blue butterfly?

a b c d e f g h i j k l m n o p q r s t u v w x y z

Cc

Curly the pig comes to see the cows in the cowshed. Will the cat catch the creepy crawly?

a b c d e f g h i j k l m n o p q r s t u v w x y z

Dd

Ducks dive down in the ditch.
Do you see a doll?

a b c d e f g h i j k l m n o p q r s t u v w x y z

Ee

Eleven eggs are enough for everyone.
Can you see an elephant?

a b c d e f g h i j k l m n o p q r s t u v w x y z

Ff

Five fat frogs flop into the farmyard pond.
Find four funny fish.

a b c d e f g h i j k l m n o p q r s t u v w x y z

Gg

Geese gobble up grass by the garden gate.
What is the goat doing?

Hh

Hens hide their nests in the hedge.
How many hens are here?

a b c d e f g h i j k l m n o p q r s t u v w x y z

I i

Insects make Rusty itch indoors.
Who is eating ice cream?

a b c d e f g h i j k l m n o p q r s t u v w x y z

Jj

Jumping over some junk, Sam drops his jet.
What's in Poppy's jar?

a b c d e f g h i j k l m n o p q r s t u v w x y z

Kk

Kites keep flying in the wind.
Find four kittens.

a b c d e f g h i j k l m n o p q r s t u v w x y z

Ll

Little lambs leap over lots of logs.
What are the children laughing at?

a b c d e f g h i j k l m n o p q r s t u v w x y z

Mm

Mushrooms grow in the meadow in the morning.
How many mice can you see?

a b c d e f g h i j k l m n o p q r s t u v w x y z

Nn

Naughty nanny goats nibble the newspapers.
What is in the nest?

a b c d e f g h i j k l m n o p q r s t u v w x y z

Oo

Ostriches look odd on Apple Tree Farm.
Who has an orange?

a b c d e f g h i j k l m n o p q r s t u v w x y z

Pp

Poppy pats Pippin her pet pony.
What is pecking at the pie?

a b c d e f g h i j k l m n o p q r s t u v w x y z

Qq

Queen Poppy tiptoes quietly past the ducks.
What noise do ducks make?

a b c d e f g h i j k l m n o p q r s t u v w x y z

Rr

Rusty the dog runs races with rabbits.
Can you find three red roses?

a b c d e f g h i j k l m n o p q r s t u v w x y z

Ss

Sam sinks up to his socks in the soft sand.
See if you can find six snails?

a b c d e f g h i j k l m n o p q r s t u v w x y z

Tt

Ted turns on the water for the turkeys.
Where is Ted's tractor?

a b c d e f g h i j k l m n o p q r s t u v w x y z

Uu

Upside down umbrellas are useless in the rain.
What is hiding under the blue umbrella?

a b c d e f g h i j k l m n o p q r s t u v w x y z

Vv

A van visits the farm to collect vegetables.
What vegetable is Sam eating?

a b c d e f g h i j k l m n o p q r s t u v w x y z

Ww

Woolly the sheep walks in the water and gets wet. What is riding in the wheelbarrow with Sam?

a b c d e f g h i j k l m n o p q r s t u v w x y z

Xx

Poppy plays her xylophone on six boxes.
Can you find a fox?

Yy

Yolks of egg are runny and yellow.
Who is eating yogurt?

a b c d e f g h i j k l m n o p q r s t u v w x y z

Zz

Sam zigzags through his toy zoo
Where is the zebra?

a b c d e f g h i j k l m n o p q r s t u v w x y z

Can you find all these things somewhere in this book?

kite

xylophone

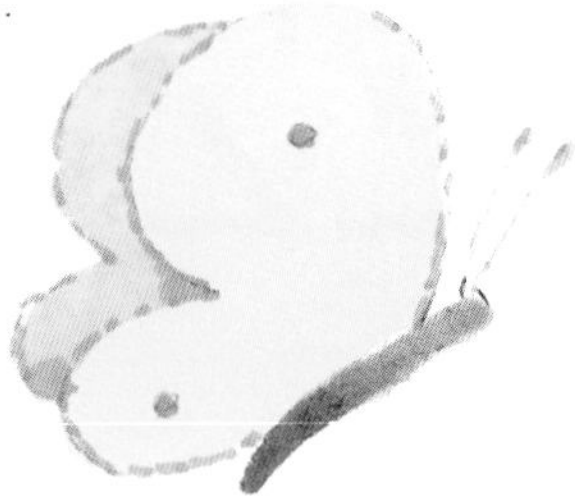
butterfly

doll

goose

yolks

frog

elephant

pony

jar

apple

sandal

cat

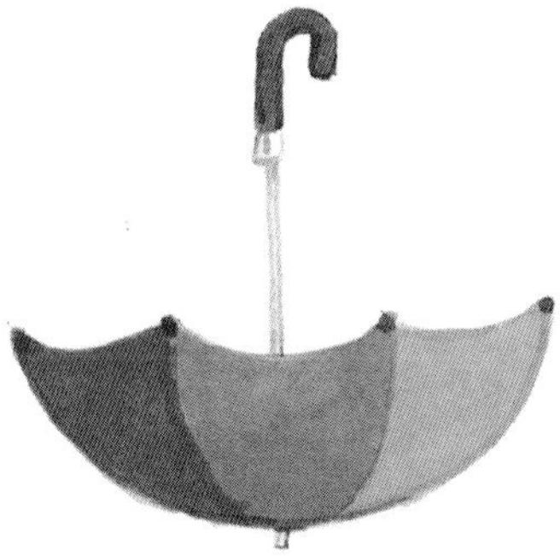

umbrella

tent

hat

ladder

wheelbarrow

nest

rabbit

zebra

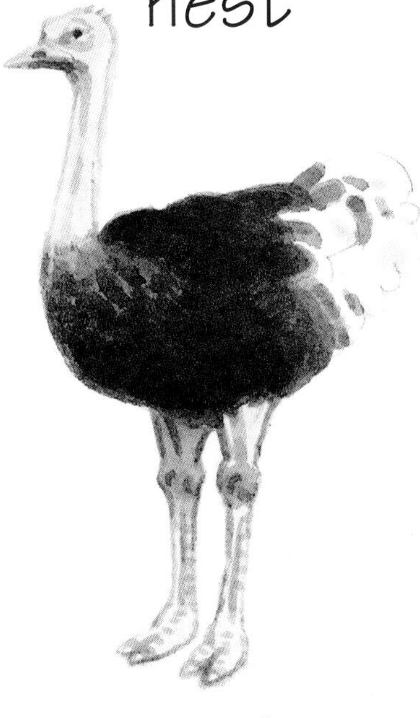

ostrich

van

ice cream

mushrooms

queen

Aa  Bb Cc Dd 

Ee Ff Gg Hh  Ii

Jj Kk Ll Mm  Nn

Oo Pp Qq Rr 

Ss Tt Uu  Vv

Ww Xx Yy  Zz

First published in 1997 by Usborne Publishing Ltd, Usborne House, 83-85 Saffron Hill, London, EC1N 8RT, England.

First published in America March 1998 UE